Jean Lorrain

Ma Petite Vil

6516

Paris
Société d'Éditions
898

MA
PETITE VILLE

JEAN LORRAIN

MA
PETITE VILLE

Le Miracle de Bretagne
Un Veuvage d'Amour

ILLUSTRATIONS A L'AQUARELLE DE MANUEL ORAZI

Gravées à l'eau-forte par Frédéric Massé

ET IMPRIMÉES SUR COULEURS

VIGNETTES DÉCORATIVES DE LÉON RUDINCKI

PARIS

SOCIÉTÉ FRANÇAISE D'ÉDITIONS D'ART

L.-HENRY MAY, Éditeur

9 ET 11, RUE SAINT-BENOIST

1898

Ma Petite Ville

Ma Petite Ville

✳✳✳

Les souvenirs, ce sont des chambres sans serrures,
Des chambres vides où l'on n'ose plus entrer.
HENRY BATAILLE.

A PETITE VILLE ET SES FOSSÉS..., car elle avait des fossés, la petite ville dolente et somnolente au milieu des marais, où s'écoulèrent mes premières années d'enfance. A perte de vue, une rivière aux eaux grises, toute de tourbières et de hardines, l'entourait, seulement traversée par deux chaussées aboutissant, l'une, à la Porte de Bretagne, l'autre, à la Porte de Paris; et c'étaient là les

*seules communications avec la campagne, cette plate
et crayeuse campagne de l'Artois, aux longues routes
pavées, plantées de maigres peupliers ; c'est assez dire
quels tristes horizons et quelle monotonie !*

*Pauvre petite vieille ville de mon cœur, dont les
talus des fortifications, les lentilles d'eau des fossés
et un poussiéreux quinconce, de l'autre côté de la
rivière, étaient l'unique verdure ! Une incurable mélancolie d'automne semblait peser sur elle en toute
saison, et sous les ciels blancs d'août, qui faisaient
scintiller la rivière, comme au milieu des brouillards
de novembre, elle était d'octobre, la petite ville de
mon enfance, et comme emplie d'invisibles feuilles
mortes, avec son vieux beffroi où ne sonnaient plus les
heures, les logettes de son marché aux volets immuablement clos, et ses ruelles poudreuses et désertes
aux noms surannés et charmants.*

*Et, après plus de trente ans, chaque automne, aux
premières pluies, c'est son image qui m'obsède et me
hante. Telle une estampe un peu jaunie, elle réapparaît devant mes yeux, et dans cette ville, aujourd'hui
étrangère pour moi, ville à jamais lointaine, mais qui
revient tous les ans comme une morte, je retrouve des
détails d'architecture et de coutumes, des traits de*

mœurs et de vieux usages ignorés des générations actuelles, un tas de vieilles petites choses démodées, un peu ridicules et touchantes qui font de cette vieille ville d'automne une espèce de repaire de fantômes et de contes, spectres, falots, vieillots et souriants.

Comme dans toutes les places fortes, la promenade des bourgeois à Montfort-les-Fossés était le tour de ville, c'est-à-dire les remparts ; édifiés par Vauban avec des retraits et de brusques avancées dans l'eau de la Sorgue, ils échafaudaient, surtout aux alentours des portes, d'assez compliqués ouvrages de défense, tels que demi-lunes, chevaux de frise et bastions. Du haut des talus, les gens de Montfort dominaient et la tour Sainte-Catherine de la cathédrale et le beffroi déjà muet de mon temps, et le campanile de plomb de leur hôtel de ville ; de là ils pouvaient aussi se distraire en comptant les cloches de sept couvents, les quatre tourelles pointues de l'ancien château et les toits mansardés de l'hospice : voilà pour la vue intérieure.

En dehors, c'était la blême étendue des marais de la Sorgue et de leurs champs de roseaux ; et puis, comme un panorama géographique, les lacets des routes au milieu des récoltes et, posés çà et là à des bifurcations et à des carrefours, des amas de points

noirs qui étaient des villages ; c'était un horizon d'une
écrasante mélancolie, et dix ans de ma vie cet horizon
fut le mien. Il pesa, morne et doux, sur toute ma
première enfance, durant les longs jours et les longs
mois que je passais à Montfort, chez mes grands-
parents, dans leur logis de la rue Longue, à l'angle de
la place de l'Homme-Armé, toute proche des remparts.
C'était une vieille maison ventrue comme une com-
mode Louis XV et surplombant de tout son premier
étage, au-dessus de poutrelles sculptées en forme de
masques et de nains grimaçants ; entre chaque fenêtre
priaient à jointes mains de fluettes statues d'évêques
et d'apôtres. Ce logis, qui avait eu l'honneur d'héberger
le roi Louis XI, en l'an 1465, lors de son passage à
Montfort, quelques jours avant la fameuse entrevue de
Péronne avec le Bourguignon, était depuis trois siècles
la maison de ville de la famille de Vassenoise ; et mon
grand-père, qui en occupait le second étage et tout le
rez-de-chaussée, y logeait au premier mademoiselle An-
nette Corisande de Vassenoise, une vieille cousine à nous
et la dernière de ce nom de Vassenoise si célèbre au pays
picard, et cela par un singulier arrangement arrêté
entre lui et cette plus singulière parente. A son premier
rhumatisme (elle avait bien soixante-dix ans sonnés,

quand l'arthritisme la prit aux jambes) mademoiselle de
Vassenoise, tant pour se soustraire aux doléances des
régisseurs qu'aux tracas d'une gestion, avait fait à
ses héritiers donation de son bien, à charge pour eux
de lui servir une rente annuelle de douze mille livres,
et à mon grand-père don en bonne forme de sa maison
de la rue Longue, à charge pour lui de lui en réserver
le premier étage et de l'y héberger en parente et amie
jusqu'à son heure de vie à trépas. Nous devions
de plus à la cousine Corisande le bois de chauffage
de tous ses hivers et les gages d'un jardinier, car
mademoiselle de Vassenoise s'était réservé le droit de
diriger les semis, les boutures et l'ordonnance des
plantes-bandes du jardin, une étroite bande de terrain,
cinquante mètres de longueur sur dix de large, tout
en bordures de buis et en pieds d'alouettes, resserrés
entre notre maison et le talus des remparts, un vrai
préau de prison toujours trempé d'ombre où les buis
seuls ne mouraient pas. C'est là que mon enfance
grandit, sinon terrorisée, du moins tenue en respect et
gênée par la présence, derrière ses fenêtres, de cette
noble et majestueuse et vieille parente, si puissamment
riche et surtout si bien née !

Non qu'elle fût acariâtre ou d'humeur grondeuse,

la cousine Corisande, non pas... Longue, tout en os,
anguleuse et sèche dans de raides et craquantes robes
d'étoffes mordorées, l'air d'une vieille bique, comme
elle le disait elle-même ironiquement, consciente de sa
laideur, mademoiselle de Vassenoise avait eu pendant
trente ans le salon le plus ouvert de Montfort. Pendant
trente ans, sa maison avait été le centre et le rendez-
vous de toute la société et, pendant trente Carêmes,
elle avait donné tous les vendredis des dîners maigres,
dont les menus savants et pieusement combinés étaient
encore commentés, du temps de mon enfance, chez
ces messieurs du haut clergé. Les dîners de mademoiselle de Vassenoise, de Montfort! Ils avaient jadis
passionné Amiens et jusqu'à l'archevêché.

Mais, toute disgraciée qu'elle fût de visage et de
tournure, mademoiselle de Vassenoise, au rebours
de tant de vieilles masques dépitées et sûries, adorait
la jeunesse; tant qu'elle avait eu la santé, tout lui avait
été prétexte pour donner à ses neveux et petits-cousins
des violons et des sorbets : chacun de ses succulents
dîners, servis dans la plus massive argenterie, était
suivi de sauteries improvisées; il faut bien que jeunesse s'amuse. Pendant le carnaval, c'était chez elle
les plus beaux bals, chez elle les plus folles masca-

*rades. Ces soirs-là, la cousine Corisande abandonnait
sa maison à ses hôtes; les séculaires armoires des
chambres du second, les coffrets des aïeules défuntes,
toute la garde-robe des anciennes comtesses de Vassenoise étaient mises au pillage; et c'étaient par le grand
escalier que je n'ai connu que désert, le grand escalier à larges repos et à balustres de chêne, c'étaient
alors des débandades de fines tailles guêpées dans les
corsages du temps; jolies filles en robes à paniers,
cavaliers dans les gilets fleuris des anciens pastels,
toute la défroque des Vassenoise sur le dos des petits-
neveux et des petites-nièces, secoués de fous rires et
ravis de se trouver vêtus comme les ancêtres du salon.*

*Mais ce furent là pour moi des escapades toujours
ignorées, escapades de cousins aînés, déjà près de la
quarantaine quand j'allais à peine, moi, sur mes
douze ans. Je ne connus, moi, qu'une mademoiselle de
Vassenoise septuagénaire et rhumatisante, la vieille
locataire usufruitière de notre maison de la rue Longue,
une étroite et sèche figure chevaline, jaune comme un
coing sous l'empois d'immenses bonnets tuyautés, et
dont les petits yeux clairs et mobiles me suivaient
derrière les vitres, quand je gaminais au jardin : la
cousine Corisande installée, logée et chauffée chez*

nous et *mûrissant ses douleurs au mélancolique soleil des marais de la Sorgue, dans la grande chambre du premier où elle vivait retirée.*

La grande chambre de ma cousine, ses meubles en bois de rose et ses toiles de Jouy! C'est dans son atmosphère douillette et vieillotte que j'entendis conter et même un peu rabâcher les histoires que je tente d'évoquer aujourd'hui; et l'aventure du Miracle de Bretagne à laquelle j'assistais inconscient et que j'aurais certainement déjà depuis longtemps oubliée, si elle ne m'avait été répétée et ressassée avec force détails tant et tant de fois, et l'histoire de cette effarante et douloureuse Mme Lafond de Marvieille, que je n'ai jamais vue et qui est demeurée d'autant plus effarante dans mes souvenirs. La précision même de ces souvenirs, c'est à ma cousine Corisande que je les dois, à elle et à sa grande chambre tendue de toile à personnages rosâtres. Céphise et Procris, Diane et Actéon, toute la mythologie sentimentale et néo-grecque du Directoire y prenaient des attitudes tour à tour éplorées et souriantes, mettaient là toute une théorie d'héroïques nudités sur les murs. Ah! cette chambre, que de longues après-midi j'y passais près de la cousine Corisande!

Il n'y avait pas de journée où elle ne m'y fît monter

*du jardin, dans les derniers temps de sa vie surtout;
on aurait dit qu'elle craignait d'être seule. « Ah! c'est
toi, petit, disait-elle, viens là, mon mignon, viens, petite
praline. » Et quand elle m'avait fait asseoir sur un ta-
bouret à ses pieds, elle commençait à conter, à raconter,
à bavarder, elle dévidait l'écheveau de ses histoires,
s'animant au son de sa voix, s'étourdissant de son
propre bavardage, racontant ses contes bien plus à
elle-même qu'à moi, et revivant sa vie dans les fantômes
évoqués de ses contes.*

*C'étaient toujours des anecdotes et des aventures
dont Montfort avait été le théâtre, et des histoires sur
la société de Montfort, Montfort où sa famille avait
tenu un rang, Montfort où elle-même avait eu une au-
torité, celle que donnent en province une fortune assise
et une maison ouverte; mais ce serait effrontément
mentir si je vous disais que les racontars de ma cousine amusaient le petit garçon remuant et inquiet que
j'étais déjà; non, elles m'ennuyaient, les belles histoires
de la cousine Vassenoise, elles m'ennuyaient presque
autant que son grand nez barbouillé de tabac et que
sa longue face jaune de vieux procureur. Je n'aimais pas du tout l'embrasser, et la vérité m'oblige
à avouer que je la trouvais même un peu ridicule,*

toute bonne et prévenante qu'elle fût, la cousine Cori-
sande, sous l'envol des mousselines et des rubans jon-
quille de ses immenses bonnets ; mais pour un petit
garçon, comme moi, il y avait dans sa grande chambre
rose des choses tout à fait tentantes et attirantes,
affriandantes même, et les voici :

D'abord, faveur exceptionnelle, il m'y était per-
mis de feuilleter le recueil de la Mode, un album
d'estampes déjà jaunies, où étaient représentées les
volumineuses coiffures et les robes extravagantes des
dernières années de Louis XVI.

Oh ! ce recueil de la Mode et ces enluminures, dont
le jaune serin, la nuance puce en fièvre de lait et le
rose vive bergère étaient les couleurs dominantes !
Les belles dames qu'on y voyait en déshabillé à la
montauciel sur jupe à la grecque, ou bien encore en
casaquin à la hussarde et chapeau à la roi de Prusse,
répondaient aux deux noms de Zémire et Thémidore,
et c'étaient là de galants pseudonymes dont ma vieille
cousine me révélait parfois la personnalité, et c'était
l'ancienne cour qu'elle évoquait alors d'un mot et d'un
geste ! Zémire était cette petite ingrate de Polignac ;
Thémidore, cette charmante Coislin.

Il y avait ensuite la vitrine aux vieux Saxes, dont

ma cousine, aux jours fériés, sortait l'orchestre de singes. Vingt babouins enrubannés, figurines roses et vertes, hautes au moins d'un doigt, y jouaient de tous les instruments, qui du violon, qui du basson, qui de la viole d'amour, qui du hautbois, qui de la flûte, et même de la viole de Gambe, qui du théorbe et, si j'ai bonne mémoire, du psaltérion, et dans des attitudes d'un comique achevé et d'une diversité surprenante.

Ma cousine, de l'air le plus sérieux du monde, prétendait que tous ces babouins et guenons jouaient sûrement un air de Monsieur de Lulli, qu'elle le voyait à leurs figures solennelles et enamourées, que Sa Majesté le roi Louis allait apparaître dans la glace et que cela était évident, et que l'on ne pouvait s'y méprendre.

Il y avait aussi l'armoire aux gimblettes, aux pralines et aux pastilles de cachou. Celle-là était au coin de la cheminée, tout à fait dans l'angle, et mademoiselle de Vassenoise en portait toujours la clef pendue au breloquet qu'elle avait à sa ceinture. Encore une curiosité, ce breloquet. Il y frétillait et sonnaillait d'abord une montre en émail bleu, puis un médaillon de galuchat renfermant je ne sais quelle peinture, puis un autre en cristal avec une boucle de cheveux, un *flacon d'odeur en porcelaine de Saxe, une paire de ciseaux de vermeil et, pêle-mêle, la clef de la cave, énorme, menaçante comme la clef d'une porte de ville, la clef de sa cave qui n'était plus sienne et qu'elle n'ouvrait plus.*

Pauvre mademoiselle de Vassenoise! Que de bonnes heures de mon enfance, les meilleures de ma vie peut-être, je passai jadis auprès de cette vieille fille au cœur attentif et tendre, très tendre même à travers ses brus-queries et ses humeurs fantasques; oui, les douces et enveloppantes heures dans cette vaste et haute chambre toute tendue de nuageuses mythologies. Les fenêtres donnaient sur le rempart et c'était, hiver comme été, le mélancolique miroitement des marais de la Sorgue; d'un gris d'ardoise l'hiver, quand la rivière était gelée, couleur d'étain sous les ciels blancs de l'été, et à la mi-automne, vers la fin octobre, quand les bateliers d'Avraincourt et de Boingt venaient y couper les roseaux, c'était une mélancolie de plus dans l'atmos-phère ouatée de brume que le bruissement soyeux, atténué et frais de toutes ces hampes vertes se couchant sur l'eau.

Cinq hautes fenêtres drapées de satin fauve enca-draient, hiver comme été, ce triste et fin paysage, et

*c'est dans un des intervalles de ces fenêtres que rési-
dait alors pour moi le grand attrait de la chambre
aux toiles de Jouy.*

*C'était, entre deux croisées, placé sur le marbre
d'un secrétaire en tuya, un énorme bocal rempli d'eau
de Notre-Dame de Liesse.*

*Dans l'eau miraculeuse c'étaient mille et une reliques
en verre soufflé, minuscules colombes, échelles de la
Passion et lilliputiennes saintes femmes montant et
descendant, comme des bulles d'air, dans une éternelle
folie de mouvement. Ah! quelle place il tenait alors, ce
bocal, dans ma vie d'enfant curieux de tout et de tout
émerveillé! C'était le bocal de poissons rouges vitrifiés,
éthérés, givrés, spiritualisés, le bocal de l'idéal, et
c'est pour lui, pour la lumineuse et vertigineuse
ascension de toutes ses figurines de songe que j'aimais
tant à venir chez ma vieille cousine, il m'hypnotisait, ce
bocal. Il renfermait pour moi la vie du rêve et le
mouvement de la vie, et c'était lui seul que je contem-
plais en extase sans regarder, placé dans l'autre inter-
valle de fenêtres, un portrait d'homme, peinture
plutôt entrevue puisqu'elle était à contre jour, et dont
les traits, chose étrange, se précisent de plus en plus
maintenant dans ma mémoire.*

La maison de la rue Longue a été démolie, une caserne occupe aujourd'hui l'emplacement du logis et du jardin de Mlle de Vassenoise ; et de tout ce passé, c'est ce portrait qui survit et m'intrigue encore comme une énigme, car j'y ai deviné depuis le secret de toute une vie.

Qu'est devenu ce portrait ? Chez quel brocanteur traîne-t-il son cadre sans dorure et sa toile déjà de mon temps écaillée ? chez quel brocanteur et dans quel musée ? Je le vois encore souriant, un peu penché au-dessus d'une épinette de vernis Martin toute enguirlandée d'œillets et de roses. C'était un portrait d'homme, de très jeune homme en costume Louis XIII, feutre gris, manteau de drap relevé d'un seul pan sur un pourpoint de satin ; mais le pourpoint, le feutre, le manteau traités dans des gammes d'un gris argenté, comme lunaire, un portrait qui semblait peint tout à la fois avec du givre et de l'acier, et, comme une perle dans toute cette moire, une pâleur de nacre, un visage adorablement pâle et triste, une face d'énergie et de douceur aux grands yeux dévorants, brûlants et résignés.

Un vicomte d'Applaincourt, m'avait dit ma vieille cousine, un jour que je l'avais surprise au clavecin, ce clavecin qu'elle n'ouvrait jamais, mais qu'elle avait ouvert ce jour-là et où elle s'attardait, assise, les doigts comme aimantés au clavier, les yeux à la muraille où l'attirant visage ne devait m'apparaître que des années plus tard, et sans signification pour moi ce jour-là.

Un vicomte d'Applaincourt! Applaincourt, le morne et majestueux château du onzième siècle perdu dans un marais et des champs de roseaux; Applaincourt où fut, sous Henri III, signée la ligue des Flandres.

Ma vieille cousine ne pouvait pas avoir connu ce vicomte-là : il était mort depuis deux siècles, le beau cavalier vêtu de moire et de reflets, qu'elle n'était pas encore née, et pourtant une conviction s'est depuis faite en moi ; si Mlle Corisande ne s'est pas mariée et s'est éteinte à soixante-dix-huit ans comtesse de Vassenoise, c'est à cause de ce beau portrait-là ou tout au moins à cause d'une ressemblance avec l'homme de ce portrait.

Et depuis, par les lumineuses et grises journées d'automne, quand, avec une lassitude infinie, la nature dépouillée de ses couleurs semble se revêtir de satin et de moire, qu'elle se ouate de brume avec çà et là, dans les arbres, des teintes violâtres, et, sur l'eau dormante, des luisants d'acier, c'est le portrait d'homme

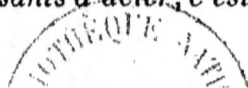

3

de la chambre de ma cousine qui réapparaît devant moi.
C'est le portrait qui réapparaît et avec lui la petite
ville dolente et somnolente de mon enfance, la petite ville
de mon cœur au milieu de l'eau morne et moirée de
ses étangs. Le vicomte d'Applaincourt surgit du passé
dans ses gris argentés, avec sa face résignée et hau-
taine, résumant comme une synthèse la tristesse endo-
lorie de l'année, la lumière atténuée des beaux jours
qui s'en vont, la lueur, comme reflétée, des beaux jours
qui ne sont plus et la douceur enveloppante de jadis.

Et j'entends comme un bruit de roseaux qu'on coupe.

Le Miracle de Bretagne

Le Miracle de Bretagne

✳✳✳

Si triste que fût l'horizon des marais vus du haut des remparts, malgré la mélancolie de la Sorgue s'étendant à perte de vue, somnolente et grise, au pied du mur d'enceinte, le tour de ville n'en était pas moins, de trois à six, la promenade favorite de toutes les petites rentes au soleil et à pignon sur rue de Montfort, et c'est là que, par les belles après-midi de juin, ma vieille Nanon, la couturière à l'année de mes grands-parents commise, vu son âge et sa dévotion, à la surveillance de ma petite personne, venait s'asseoir en compagnie des autres bonnes et gouvernantes de la ville.

Les quinconces, plantés au versant d'un petit ma-
melon, en dehors des murs d'enceinte, étaient ré-
servés aux tours et demi-tours, allées et venues à
pas comptés, en grande cérémonie, des dames de
paroisse et des traîneurs de sabre de la garnison.
C'était le lieu des saluts, des rencontres et des œil-
lades ; les élégants y lisaient les feuilles de Paris,
les cuisses moulées dans du casimir clair, bien en
valeur dans de nonchalantes attitudes, le coude au
dossier des bancs ; et les filles du commun, comme
Nanon, n'auraient osé décemment y paraître. Mais
sur le talus gazonné des remparts, avec, de place
en place, en cas d'averse, le sûr abri des anciennes
échauguettes, Nanon et ses amies se sentaient sur
leur terrain ; elles étaient là chez elles, à *tu et à toi*
avec les faubourgs qui venaient y gaminer à la
sortie de l'atelier, saluées avec déférence par les
petits commerçants de la rue Saint-Fursy qui, eux
aussi, y venaient prendre le frais et flâner au cré-
puscule, car mam'zelle Nanon et sa compagnie
étaient de bonnes maisons.

Elles étaient là cinq ou six qui représentaient en
tablier la société montfortoise, la *société*, un grand
mot dont toutes ces mam'zelles avaient la bouche
pleine, la *société*, c'est-à-dire les cinq ou six familles
de la ville qui recevaient à table ouverte et donnaient deux ou trois fois l'an à danser ; d'ailleurs,
toutes les six caquet-bon-bec et renchéries, confites
en dévotion, déjà montées en graine, vieilles filles
pour leur compte dédaigneuses des amoureux, mais

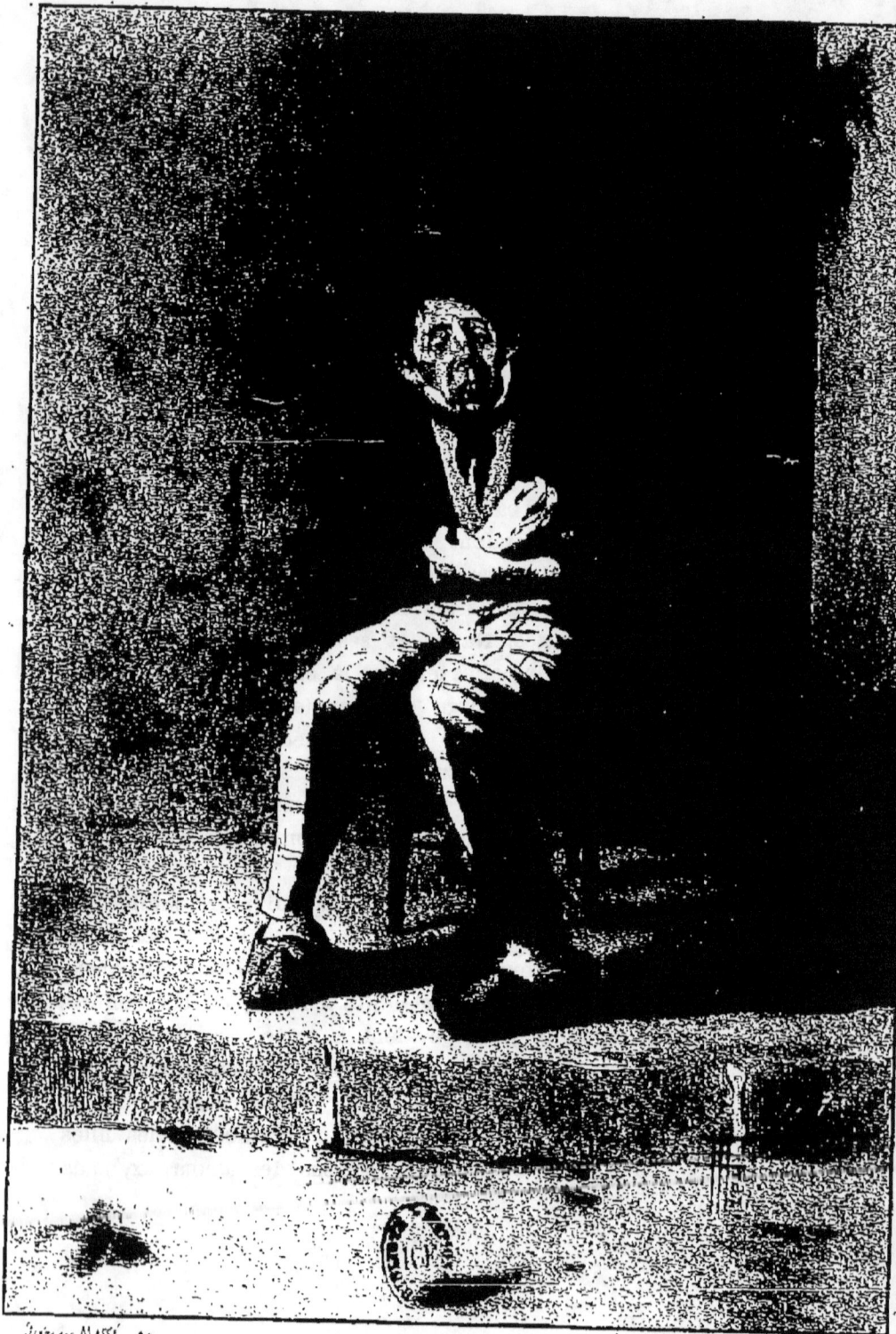

Frédéric MASSÉ . 92.

bien informées des galants des autres, à l'affût des
mariages et des grossesses, grandes dévideuses de
chapelets et de nouvelles, roguées d'importance, ne
frayant pas avec les maritornes, mais curieuses
comme des pies et farcies de malignité, tout à fait
des personnes de confiance.

Aussi, l'émeute et l'émoi parmi tous ces jupons de
droguet, la belle après-midi de mai où mam'zelle
Simonne, la gouvernante des enfants d'Amécourt, vint
apporter, les yeux ronds et les mains jointes, l'in-
croyable nouvelle : la Vierge de la Porte de Bretagne avait fait un miracle, la soupente de Maheude
Auvray ne désemplissait pas et, depuis la veille,
toute la ville défilait, aussi bien les dames du
quartier Saint-Michel que les commères de la rue des
Naviages, dans le logis du portier. Le miraculé était
le sourd-muet de la rue des Tisserands, le fils à la
mère Élie, cette espèce de goitreux imbécile qu'on
voyait toujours assis sur une chaise et bavant au
soleil devant la boutique de sa mère : le fils Élie
avait parlé.

Pendant une visite de la vieille fruitière à la
femme du portier, l'idiot, qu'on avait installé dans
un coin sans y plus prendre garde, s'était levé tout
à coup de son banc et cette face de niais, qui n'avait
jamais émis aucun son, avait paru illuminée d'extase,
tant que sa mère et Maheude Auvray en étaient
demeurées saisies, et, ses pauvres pattes molles
tendues vers la Vierge, il avait proféré distinc-
tement : « Je vous salue, Marie », ce qui était

bien un miracle, vu que, jusqu'alors, il n'avait
jamais eu d'entendement. Le bruit s'en était ré-
pandu dans le quartier, du quartier dans la ville et,
depuis la veille, depuis le matin surtout, tout Montfort processionnait chez les Auvray, qui allaient y
gagner bon, car elles arrivaient, les offrandes. Les
portiers, d'ailleurs, avaient bien fait les choses : ils
s'étaient mis en frais, et la Vierge, revêtue de ses
beaux habits du 15 août, avec une couronne de roses
en moelle de roseaux sur la tête, avait une nappe
d'autel neuve, des vases de porcelaine peinte, et toute
une illumination de cierges ; mam'zelle Simonne en
sortait. Il fallait voir ça, pour y croire : elle avait
trouvé là toutes les dames de la société, depuis mademoiselle Trépagne, avec son cabas de velours
d'Utrecht (c'était elle qui avait apporté les deux
vases), jusqu'à madame de Saudrecourt, la vieille
marquise aveugle de la rue des Jacobins, qui s'était
fait conduire là par ses bonnes. L'idiot, le miraculé
d'hier, était là aussi, revêtu de ses effets du di-
manche, avec du linge blanc et propre comme un
sou neuf, et tout le monde autour de lui grésillait
dans l'attente ; mais aujourd'hui il n'avait pas encore
parlé.

Ce fut comme un coup de vent : d'un bond, les
six gouvernantes, servantes et bonnes d'enfants de
la société furent debout, et dans un envolement de
jupes, avec force signes de croix, génuflexions et
autres simagrées, nous fûmes entraînés, les trois
d'Amécourt, le petit Roberval, Jacqueline de Duras

et moi, dans l'étroit raidillon qui dévale encore
aujourd'hui des remparts à la rue Papelonne; un
tourbillon nous emportait à la Porte de Bretagne.

Cette Vierge miraculeuse (oh! depuis vingt-quatre
heures seulement), dite aussi la Vierge du vœu de
Louis XIII, était une pauvre Vierge de faubourg,
assez négligée du clergé et peut-être plus souvent
insultée qu'invoquée par les rouliers qui traversaient
la voûte où siégeait son autel. Elle avait eu
son heure de gloire, au temps de la maladie du fils
de Marie de Médicis et du Béarnais, quand toute la
France, alarmée pour la vie de son Roy, avait par-
tout édifié des statues et dédié des madones à cet
étrange vœu de Louis XIII, qu'on célèbre encore
aujourd'hui, le 15 août, dans les plus lointains
villages des Pyrénées comme dans les plus infimes
bourgades de l'Artois ; mais les temps avaient
changé, les dynasties avaient disparu et la Vierge
était bien déchue.

De la voûte de la porte de ville, où elle avait longtemps trôné, on avait fait une soupente pour le gar-
dien; et reléguée dans ce logis d'artisans avec son
autel de bois peint, ses anciens *ex-voto* et tout son
attirail poussiéreux d'idole passée de mode, elle ne
voyait se rallumer ses cierges qu'une fois l'an,
dans la journée du 15 août, où la coutume voulait
que le clergé de Saint-Fursy vînt processionner
sous la voûte; et puis elle retombait dans le silence, dans l'oubli, et sa vieille statue, auréolée de
gaze jaunie, effrayait un peu, fantômale, à travers

4

les vitres assez mal tenues d'un châssis de fenêtre
installé entre les dents de l'ancienne herse, une
herse qui ne s'abaissait plus. Elle vivait là, entre les
chaînes rouillées du pont-levis, en commun avec de
pauvres ménages qui n'en tiraient guère de bénéfices,
car on ne lui rendait que de rares visites, à la
Vierge de la Porte de Bretagne.

Le quartier plutôt populaire, mal famé même à
cause d'une mauvaise maison voisine, une maison
de filles pour la troupe, écartait la clientèle, et
reléguée au bout de la ville, dans ce grand pavillon
mélancolique qu'est la Porte de Bretagne, une espèce
de tour carrée, pierres et briques d'un rouge si
triste avec un haut, très haut toit d'ardoises et les
lys de France en large écusson sur la façade qui
regarde les marais, elle eût risqué de vieillir encore
ainsi durant de longues années sous la poussière
et les toiles d'araignées, la madone autrefois de
satins et de moires du vœu de Louis XIII, sans la
miraculeuse aventure du sourd-muet.

Cette inattendue guérison la sortait de l'ombre, la
mettait enfin de pair avec les somptueuses Notre-
Dame de cathédrales et les autres saints à pèleri-
nages du pays. Malheureusement le miracle ne se
renouvela pas. Malice du Mauvais, ou qui sait si la
Vierge, si longtemps dédaignée, n'en gardait pas
rancune à la ville, le sourd-muet s'obstina à ne plus
parler. On eut beau le garder durant des heures et
des journées commodément assis devant l'autel, il
ne grouilla pas plus qu'une souche; il en fut de

même pour la vieille marquise de Saudrecourt qui,
la bonne et pieuse dame, avait un moment espéré
la guérison. Elle demeura bien neuf jours d'affilée
dans la soupente du portier, à genoux, et priant de
matines sonnant à l'*Angelus* du soir, et ne réintégrant
son hôtel que pour y dormir ; rien n'y fit, oraisons
et neuvaine : ses pauvres yeux éteints ne recouvrè-
rent point la vue.

La Vierge de Bretagne en déchut dans l'opinion
des Montfortois, les dévotes désapprirent le chemin
de son autel, la ville en voulut, comme d'une dé-
sertion, à la madone impuissante : elle avait trompé
l'attente de tous. Mademoiselle Trépagne, la vieille
fille au cabas de velours d'Utrecht, qui s'était, dès
les premiers jours, déclarée une fanatique, une fer-
vente, cessa de paraître au logis des Auvray ; la société suivit son exemple et la Vierge miraculeuse
d'une heure redevint ce qu'elle avait été durant deux
siècles : une vieille statue poussiéreuse enlinceulée
de soie jaunie, une idole passée de mode, oubliée
dans le taudis d'un humble ménage de faubourg.

Un   Veuvage   d'Amour

Un Veuvage d'Amour

✽✽✽

Dans le quartier des Visitandines, le quartier des communautés et de l'hospice, à l'angle de la rue Mollerue et de celle du Noir-Lion, c'était, adossé aux remparts et faisant face au grand mur du jardin des *Dames Bleues*, un vaste bâtiment Louis XVI de style plutôt médiocre, mais d'assez grand air pourtant : deux étages, mais très hauts, et une espèce de cour d'honneur formée par deux ailes en retour, deux pavillons reliés l'un à l'autre par une grille, grille aux ferrures tachées de rouille, dont les battants ne s'ouvraient jamais, cour solitaire aux pavés veloutés de mousse ; mais de ces

toits plats en terrasse, de cette face lépreuse et
bossuée par places d'attributs de musique et de
jardinage en guirlandes, tombait une pesante et gla-
ciale détresse qui était l'atmosphère même de l'hôtel
d'Ymicourt. Les Ymicourt, une vieille famille de
Montfort qui depuis longtemps déjà avait quitté la
ville (les derniers du nom végétant, paraît-il, dans
une fonderie de l'Aisne, descendus au dur métier
de puddleurs) d'Ymicourt et dans la douceur de
ces trois syllabes, c'était le jamais plus et la
mélancolie de toute une société que les miens
avaient encore connue, et pour moi effacée, abolie
dans l'énigme angoissante et l'oubli du passé, et
c'était dans ma bouche d'enfant comme un étrange
synonyme de regret que ce nom lentement prononcé
d'Ymicourt.

Mystère des hautes persiennes, toujours herméti-
quement closes, tristesse de ce perron aux marches
descellées et verdies, ce vieil hôtel à l'abandon dans
ce coin de province dévot et sommeillant exerçait
sur ma précoce imagination d'enfant le charme hallu-
cinant et l'effarante emprise d'un logis hanté ; et même
aujourd'hui, quand j'en évoque le souvenir, je revis
soudain dans l'atmosphère surnaturelle d'un conte.

Une folle l'habitait..., une folle ou tout au moins
une créature étrange, une femme d'allures singu-
lières et qui semblait vivante retranchée de la vie,
un être dont le nom ne se prononçait qu'à voix basse
avec des hochements de tête et des gestes envelop-
peurs, comme si on eût voulu garantir avec de l'ouate

la fragilité de son âme malade, car c'était en effet
surtout une malade que cette effarante et pâle madame Lafont.

Madame Lafont! Ce vieil hôtel d'Ymicourt était
déjà depuis longtemps inhabité avec son écriteau
A VENDRE, attaché à la grille, quand un beau matin
le bruit se répandit dans Montfort que l'antique im-
meuble des Ymicourt avait trouvé un acquéreur.
L'acte avait été signé dans l'étude de maître Robiquet, le notaire de la rue du Vert-Muguet, et l'ache-
teur était un M. Lafont de Marvieille, qui venait on
ne sait d'où, qu'on ne connaissait ni d'Ève ni
d'Adam, mais un homme superbe taillé en her-
cule, de verbe haut et qui, sans l'élégance cossue de
ses vêtements, aurait eu, ma foi, tout l'air d'un bri-
gand de la Loire, d'un de ces terribles demi-solde
légués à la France par le premier empire. D'ailleurs
ce Lafont allait devenir citadin de Montfort puisque
les maçons et les plâtriers étaient déjà dans la cour,
les peintres et les tapissiers dans le rez-de-chaussée
de l'hôtel.

Renseignements pris (et l'on se renseigne vite et
sûrement en province), ce M. Lafont était réelle-
ment un ancien officier aux gardes... aux gardes
même de l'impératrice, mais il avait longtemps servi
dans l'armée active sous les ordres des Junot et des
Ney et avait fait toute la campagne d'Espagne comme
aide de camp de Joachim Murat, l'héroïque et beau
prince Murat, dont il avait la petite tête expressive
et presque grecque sous les frisures serrées d'une

5

courte chevelure noire, les yeux profondément en-
châssés dans de lourdes paupières comme celles de
l'Antinoüs, la poitrine bombée, la taille étroite et
tout cet ensemble de force et de souplesse qui faisait de Murat une sorte de dieu d'Homère en uni-
forme de hussard.

M. Lafont de Marvieille, ex-colonel de l'empire,
épargné par la Restauration, avait fait, disait-on,
son chemin par les femmes. Marié très jeune à la
fille d'un fournisseur militaire, sa jeunesse avait été
une série de divorces à scandales et de veuvages
heureux ; il avait drainé dans le lit de quelque madame Lafont les soixante mille livres de rentes qui
le faisaient aujourd'hui propriétaire du plus bel im-
meuble de Montfort. Le vieil hôtel d'Ymicourt se ré-
veilla, ses hautes persiennes depuis des années closes
s'ouvrirent à deux battants, l'ancienne grille hermé-
tique grinça dans sa rouille, et ce fut, devant
toute la ville ameutée, le déchargement du plus
somptueux mobilier qu'on eût encore vu dans la province : c'étaient des cadres anciens, de vastes miroirs,
des lustres, des cabinets florentins incrustés d'ivoire,
des statues et des statuettes, des vieux saxes et des
commodes ventrues, des bahuts hollandais, des tables
de marqueterie, des verreries de Venise, des coffrets
espagnols tout enrichis de nacre et des toiles de
toutes les écoles, à croire que ce bandit de Lafont
avait dans ses campagnes pillé tous les musées et
toutes les collections d'Italie, de Hollande et d'Espagne, et, quand toute la bourgeoisie de la ville et la

noblesse des environs eurent défilé dans les salons
de l'hôtel d'Ymicourt, amenées là par le conservateur
des hypothèques ou maître Robiquet, notaire, à tous
ces émerveillements M. Lafont de Marvieille se fit
un malin plaisir d'en ajouter un autre ; il réunit dans
un dîner toute la société un peu raide et suffisante
de Montfort et présenta à ces provinciaux, déjà
ébaubis de tant de luxe, l'étrange créature qu'était
madame Lafont.

Ce fut une révolution. Grande, svelte et pâle, d'une
pâleur chaude et dorée de créole, madame Lafont
joignait au sensuel attrait d'une chair transparente,
d'une peau lumineuse et savoureuse comme celle d'un
fruit, le double éclat d'une bouche humide et rouge,
et de splendides yeux noirs, des yeux d'un blanc
bleuâtre troués par de larges prunelles de nuit.
Roulée dans des satins et des dentelles, la pâleur
de sa nudité mate avivée par des diamants et des
rubis, d'énormes fleurs de magnolia piquées dans
les torsades de ses lourds cheveux noirs, madame
Laffont apparut si belle à tous ces Montfortais
ahuris qu'ils se refusèrent à la croire la femme de
leur hôte. *Ce n'était pas une beauté d'épouse*, fut la
phrase qui circula dans la ville : Dolorès Mayrena
était pourtant bien madame Lafont, l'ex-colonel des
gardes la ramenait d'Espagne. Cette humidité du
regard et du sourire, cette langueur dans la démarche et dans les attitudes, cette souplesse pro-
vocante de tout un corps mouvant sous les étoffes,
ce teint de vieil ivoire, comme éclairé à l'intérieur

et ces longs cils baissés derrière lesquels semblait
couver un incendie, tout cela était bien andalous.

Catholique et passionnée, madame Lafont fleurait
à la fois et l'œillet et l'encens ; des yeux de manola
brûlaient dans ce visage de madone. Tout Montfort s'al-
luma à ce regard, toute la province désira ce sourire ;
des officiers de la garnison firent des folies, la rue
Mollerue s'éveilla de sa torpeur, les maraîchers seuls
la remontaient autrefois avec leurs lourdes char-
rettes de légumes, les matins de marché : elle devint
d'un mois à l'autre la rue des cavaliers, c'est par là
que les lieutenants de dragons et les dandies moulés
dans leurs culottes de peau, gagnaient la porte Radegonde pour aller aux Quinconces. C'est qu'une ter-
rible mangeuse d'hommes était installée maintenant
dans l'hôtel d'Ymicourt ; comme le disait le vieux mar-
quis de Robénieuse, le bel esprit de la ville, il y
avait une lionne noire embusquée maintenant dans
la rue du Noir-Lion.

Cette lionne-là pourtant ne dévorait personne et
mangeuse d'hommes était un bien gros mot pour cette
ensorceleuse, espèce de Circé inconsciente qui jetait
peut-être ses filets, mais ne les ramenait pas. La belle
madame Lafont dédaignait ces conquêtes ; ses yeux
prometteurs n'accordaient jamais rien, cette Espagnole était honnête, assidue des églises et des communautés. C'était la femme qui assiste dans la matinée
à trois messes, entend les vêpres aux Camaldules et
le salut chez les *Dames Bleues* et se dénude impudem-
ment jusqu'à mi-sein le même soir pour le bal : une

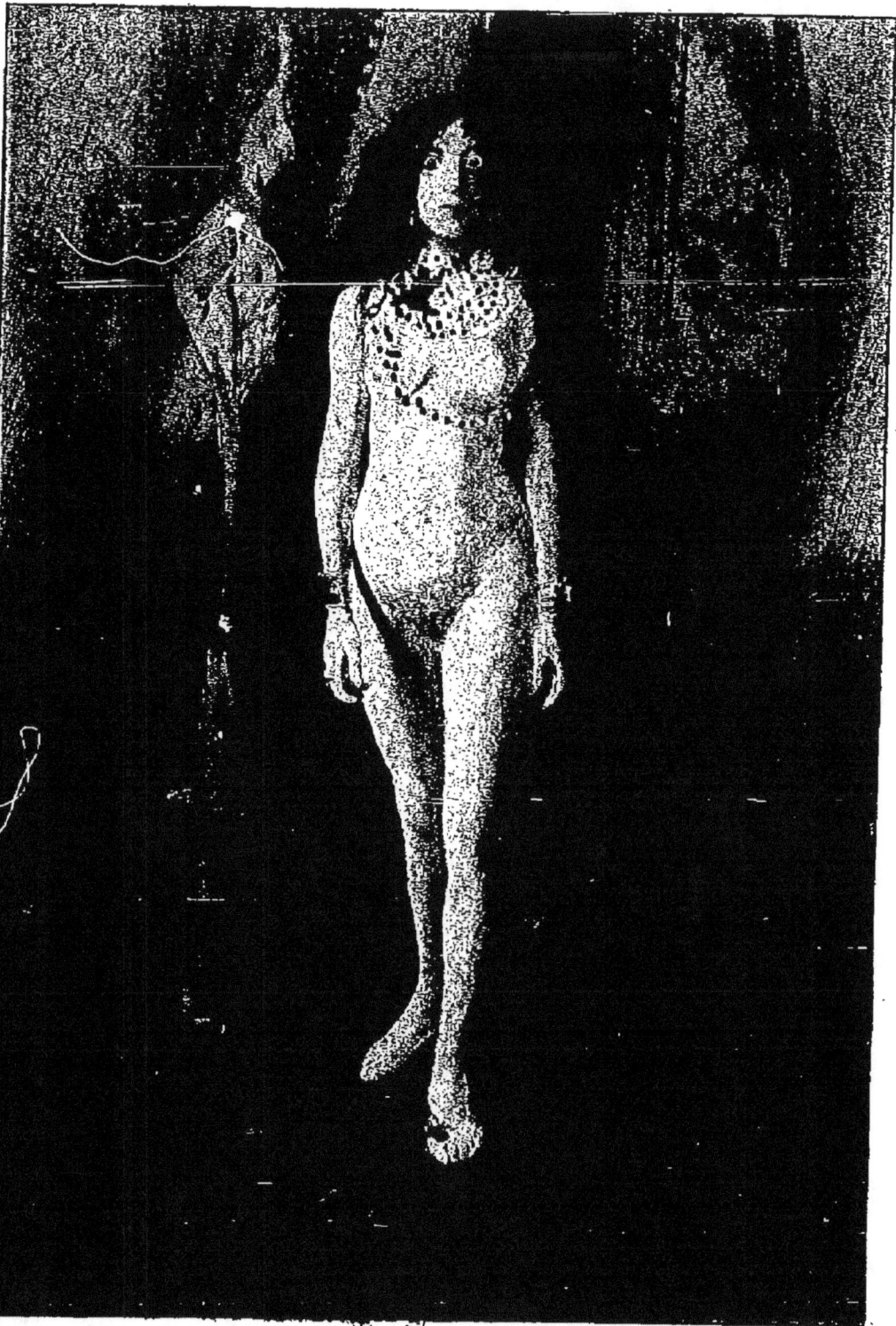

Espagnole en un mot, de celles dont les mains me-
nues égrènent à midi un rosaire et jettent à trois
heures l'éventail et le mouchoir aux toreros de la
Plaza.

Cette madame Lafont, qui fut pendant vingt ans
de toutes les fêtes et de toutes les réceptions de
Montfort, était défendue contre les autres et contre
elle-même peut-être par les deux plus puissants
gardiens qu'ait l'honneur d'une femme, la dévotion
et un grand amour. Cette Espagnole avait voué à
son Lafont une espèce de passion sauvage, héroïque
qui l'isolait, comme hypnotisée du reste du monde.
Elle vivait là comme en extase, cloîtrée dans l'ado-
ration de cet « austro Christo », comme elle le disait
elle-même, à qui elle devait plus que la vie, puisqu'elle
lui devait l'honneur.

Dolorès Mayrena avait connu Lafont dans des cir-
constances assez tragiques, au siège de Saragosse,
dans les horreurs du sac de la ville prise, et c'est
en dieu sauveur que le beau colonel lui était apparu,
noir de poudre et les mains sanglantes au milieu
des décombres où l'avait entraînée une bande de
traînards.

Lafont l'avait arrachée d'entre les mains de ces
brutes, la réclamant comme sa part; et, son grade ne
suffisant pas à les intimider, il avait fait le coup de
feu, et disputé la jeune fille le pistolet au poing;
mais vainqueur, il avait respecté son butin, avait
veillé toute la nuit armé sous la tente où dormait
enfin exténuée l'Andalouse et, le lendemain, Dolorès

Mayrena avait été rendue par lui à sa famille, de
riches bijoutiers de Séville établis à Saragosse et
réfugiés depuis le siège dans un couvent des environs. Elle était aujourd'hui madame Lafont de Marvieille, la beauté citée à Montfort comme à Amiens,
à Abbeville comme à Péronne, et tenait toute une ville,
que dis-je, tout un département enamouré, pris à son
charme. Lafont, fastueux et vain comme tous ceux qui
avaient approché l'empereur, avait fait de l'hôtel
d'Ymicourt le rendez-vous de la société, éblouissant
toute la contrée du menu de ses dîners et du luxe
de ses fêtes... Le ménage Lafont n'avait pas d'enfant.

Cette madame Lafont-là était celle de la légende,
celle dont les gens âgés se remémoraient les bijoux
et les robes entre deux parties de whist, la madame
Lafont des somnolentes confidences de douairières
à leurs bichons bouffis de graisse, la madame Lafont
des interminables récits des vieilles dentelières du
quartier Saint-Fursy, demeurées éblouies des défuntes
splendeurs.

Celle que je connus était tout autre. Il n'y avait
plus de mon temps ni fêtes ni réceptions dans le
bel hôtel de la rue Mollerue. La rue même, de pas-
sante qu'elle était, était devenue déserte et, dans ce
coin de ville ensommeillée, la demeure était re-
tombée dans le silence, dans l'abandon et dans l'oubli. C'était avec sa cour d'honneur aux pavés moussus,
ses persiennes fermées et son perron aux marches
verdies, l'aspect de désolation morne qu'on prête
aux logis hantés; et c'était en effet un logis hanté

puisque maintenant un fantôme y demeurait, et le fantôme des fantômes, celui du souvenir.

Cette façade aveugle avec ses fenêtres à jamais closes, cette maison muette, comme figée dans de la nuit, une femme l'habitait, une femme vivait là dans l'enfilade de ces hautes pièces éternellement obscures; et par ces salons et ces chambres, où le jour ne pénétrait plus, le somptueux mobilier, entassé là, se fanait, se dédorait, devenait peu à peu couleur d'ombre, ombre décolorée et envahie par l'ombre, au milieu de cette ombre à plaisir épaissie et tissée, ourdie comme une trame par une maniaque dont les yeux à force de fixer les ténèbres devaient être devenus des yeux ronds d'oiseau de nuit.

Et nous avions peur, les petits d'Hameroy et moi, quand nous tournions avec nos bonnes le coin des rues Mollerue et du Noir-Lion pour gagner les remparts, nous frissonnions d'une angoisse délicieuse en songeant à cette invisible madame Lafont, tapie comme une araignée au milieu de ses ténèbres, au fond de son vieil hôtel, madame Lafont dont la face pâle nous guettait peut-être derrière les persiennes, madame Lafont avec ses yeux de folle, noirs et fixes comme ceux d'un oiseau de nuit. Nous ne l'avions jamais vue, car de notre temps elle ne sortait déjà plus. Elle vivait là recluse, toute au souvenir de son mari. Elle n'avait pu supporter sa perte et, quand le beau Lafont était mort d'une façon assez mystérieuse d'ailleurs, les uns dirent des suites d'une chute de cheval, les autres d'un accident de chasse, la raison de Dolorès Mayerna avait sombré.

Ce fut un abîme brusquement creusé entre elle
et cette société de Montfort qui l'avait tant fêtée,
l'adieu et le renoncement d'une âme à tout ce qui
l'enchantait et l'emplissait encore la veille. Hallucinée
de regrets, madame Lafond prit le deuil comme une
autre eût pris le voile, elle ferma sa porte à tous et
s'isola dans ce vieil hôtel d'Ymicourt voué désormais au silence et à la nuit, ses yeux visionnaires y
évoquaient mieux l'image adorée du passé. Réfugiée
dans la dévotion ardente et sombre de son pays,
celle qui a inspiré et les Ignace de Loyola, les sainte
Thérèse, madame Lafont s'ensevelit vivante dans l'in-
pace de sa douleur ; trois siècles d'atavisme reli-
gieux et les traditions d'une famille, qui avait fourni
au tribunal du Saint-Office plusieurs grands inquisi-
teurs, avaient laissé en elle des empreintes tenaces,
et, dans l'effondrement de cette intelligence, les rites
et les pratiques d'une enfance dévote furent la seule
épave qui surnagea, le vieux fanatisme espagnol sub-
sista seul dans cette âme détruite, et cette Arago-
naise fidèle à l'esprit de sa race fit inconsciemment
revivre dans cette vieille demeure picarde les mœurs
funèbres de l'Escurial. Personne n'en franchissait le
seuil, pas même les fournisseurs ; quelques furtives
silhouettes de prêtres s'y glissaient une ou deux fois
l'an, à l'époque des quêtes, et encore c'est à peine
si la lourde grille s'entre-bâillait pour eux. Les
Montfortois mêmes évitaient maintenant cette calme
rue Mollerue, où une douleur invisible semblait

veiller continuellement un mort. C'était, d'après les
on-dit, le grand salon de l'hôtel transformé en cha-
pelle ardente avec des cires toujours allumées, et
des blancheurs de fleurs sans cesse renouvelées, des
miroirs et des vases d'argent entassés avec des étoffes
devant un portrait en pied du beau colonel; d'autres
enfin voulaient avoir vu, à travers les lamelles des
hautes persiennes, rôder dans l'enfilade des pièces
obscures une effarante nudité. C'était même là une
légende assez accréditée parmi les verdurières, que
la folle de l'hôtel d'Ymicourt s'y promenait pendant
les longues journées d'été, nue comme la « Sainte-
Agnès » de la cathédrale avec sa chevelure de bête
éparse sur ses épaules et tous ses diamants ruis-
selants sur ses seins. Mais c'étaient là des propos
du bas peuple et des racontars de faubourgs, à la
longue hallucinés par le mystère de cette demeure.

Il fallait bien qu'il se passât quelque chose
derrière ces murs, et la plus effrayante hypothèse
était encore qu'il ne s'y passât rien.

Oh! cette Espagnole tapie au fond des ténèbres et
du luxe figé de cette maison close, cette vie somnam-
bule et murée d'une intelligence morte et d'une
âme visionnaire! Il y avait déjà dix ans que madame
Lafont avait disparu du monde, qu'elle passionnait
encore l'opinion de Montfort : l'ère des extravagances
était pourtant passée, car la pauvre femme en avait
commis quelques-unes avant de se résigner à ce
silence, à cet oubli. Les trois premières années
qui suivirent son veuvage, la population stupéfiée

6

avait eu deux fois par jour le spectacle, encore pré-
sent à la mémoire de tous, des promenades spec-
trales de madame Lafont de Marvieille.

Ces trois années-là, à heures fixes, à neuf heures
dans la matinée et à trois dans l'après-midi, la
grille de l'hôtel d'Ymicourt s'ouvrait toute grande à
deux battants comme pour la sortie d'un carrosse ; en
même temps sur le perron de l'hôtel madame Lafont
apparaissait.

Toute de noir vêtue, engoncée et raidie dans des
velours, des satins et des moires, c'était, dans les
luisants et les mats d'un somptueux deuil de cour,
la face de cire, les mains exsangues et les grands
yeux fixes, les larges prunelles immobiles et noires
des madones de son pays : les madones attifées de
soie et de dentelles, dont la poitrine ouverte et les
paupières peintes pleurent de vraies larmes et du
vrai sang, dans l'ombre piquée d'or des chapelles
d'Espagne.

Un immense chapeau cabriolet complétait, hiver
comme été, cet accoutrement bizarre ; à la main
c'était un gigantesque parapluie au manche recourbé,
comme une crosse, en cuivre niellé et ciselé ; retenu
au bras par de longs rubans de satin noir, un ridicule lui battait la cheville, telle une sabretache ; à
ses pieds c'étaient des cothurnes, des cothurnes de
prunelle du temps de sa jeunesse avec les croisillons
de leurs étroits rubans sur des bas blancs à jours :
telle était, caricaturale et spectrale, cette Notre-Dame
des Sept-Douleurs en chapeau de velours.

Et l'on ne riait pas. Il y avait trop de tragique dans ce grotesque, ces yeux de voyante immuablement fixes, la stupeur de ce visage immobile comme un masque, cette raideur et cette pâleur angoissaient : les enfants en avaient peur, et derrière leurs rideaux les Montfortois regardaient passer cette femme empanachée et blême, le cœur serré et en silence, comme ils auraient regardé passer un cercueil.

Et n'était-ce pas en effet un cercueil, que ce corps raide et solennel où l'intelligence était morte?

Deux femmes de chambre l'escortaient toujours, deux femmes ramenées par elle de son pays et comme elle en grand deuil. « Madame Lafont et ses suivantes, chuchotaient dans l'entre-bâillement de leurs portes les commères intriguées et n'osant cependant se risquer sur leur seuil. Ce cadavre ambulant terrorisait ; car c'était bien un cadavre galvanisé qui, d'un pas d'automate, la tête toujours droite, descendait le perron de l'hôtel d'Ymicourt et, tenant son long parapluie comme une crosse, traversait la ville, cérémonieuse et lente, en compagnie de ses « *camera mayor* ».

Pendant trois ans, deux fois par jour, les rues Mollerue et du Noir-Lion eurent ce cauchemar. Madame Lafont apparaissait le matin à neuf heures dans la cour de l'hôtel et se rendait solennellement à la messe ; elle l'entendait à Saint-Fursy, où elle avait ses chaises et son coussin : à dix heures moins le quart, madame Lafont était rentrée chez elle.

Elle reparaissait sur son perron, à trois heures et,

son parapluie à la main, son ridicule au bras, toujours escortée des deux mêmes suivantes, gagnait la porte Radegonde et se rendait aux Quinconces.

Hiver comme été, à moins qu'il ne plût des hallebardes, c'était son immuable but de promenade. Au cœur de juillet, quand les arbres blancs de poussière grésillent dans la chaleur et que les chaumes brûlent dans la campagne déserte, à l'heure où tout Montfort faisait la sieste, elle seule apparaissait rigide dans les allées inondées de soleil. On l'y rencontrait en décembre par la neige et le gel, quand sur le velours blanc des pelouses ne s'y voient que les corneilles ; majestueuse et noire au milieu de toutes ces blancheurs, elle processionnait entre ses deux suivantes, un énorme manchon serré contre elle, un long boa engonçant sa face blême, et l'on eût dit une Notre-Dame des Corbeaux dans la détresse de ce paysage d'hiver.

Et jamais un mot ne tombait de cette bouche, jamais un regard n'allumait ces prunelles fixes : une révérence de cour, une lente et profonde révérence d'infante à son entrée dans l'église, la même plongeante reculade sur les genoux pliés, quand elle quittait son prie-Dieu, étaient les seuls mouvements de cette vie figée. Jamais madame Lafont ne rendait un salut, et les deux femmes qui l'escortaient, semblaient raidies comme elle dans le regret et la stupeur.

Folie inoffensive en somme et que toute la ville respectait jusqu'au jour ou plutôt jusqu'au soir où

John Massline.

la maniaque faillit mettre le feu à une meule de
blé et faire flamber (*comme paille est le mot*) toute
la récolte d'un de ses fermiers. Par une tiède soirée
d'août, madame Lafont de Marvieille, plus somptueu-
sement vêtue encore que de coutume, sortait de son
hôtel suivie de ses deux femmes. Les « *camera mayor* »
portaient ce soir-là un étrange bagage, des sièges
pliants, des livres d'heures et tout un paquet de
cierges. Madame Lafont gagnait la campagne par
la porte Radegonde, traversait, lente et solennelle, la
solitude embaumée du Quinconce et s'enfonçait à
travers champs. Avec l'astuce ordinaire des aliénés,
madame Lafont avait choisi l'heure du souper, l'heure
apaisante et douce où tous les travailleurs sont
rentrés dans les fermes. Toute à son idée fixe, madame Lafont marcha longtemps; étrange procession
que ces trois femmes en deuil cheminant en rase
campagne, sous la lune montante; car c'était une des
plus belles nuits d'été, et dans l'air saturé de miel
c'étaient, des deux côtés de la route, des meules et des
meules, tantôt de blé, tantôt de seigle, se profilant
en noir sur le gris laiteux du ciel. Madame Lafont
allait *tenir sa cour* dans un de ses domaines. Dans
l'orgueil de sa douleur (car la douleur est un encens
dont la fumée enivre), madame Lafont se croyait reine
d'Espagne, elle avait ennobli son Lafont en le per-
dant; élevant la noblesse du mort à la hauteur de
son regret, elle en avait fait un roi; madame Lafont
était reine d'Espagne et c'était son bon plaisir d'aller,
par cette lumineuse nuit d'été, tenir sa cour de

deuil et de douleurs sur ses royales terres, plus près du ciel, en pleine campagne...

Et avec le froid cérémonial qu'elle observait en tout, madame Lafont s'installait au beau milieu d'un champ avec ses deux femmes. Le groupe prenait place à l'ombre d'une meule, la reine imaginaire assise contre, sur un pliant, ses deux dames d'honneur, l'une à droite, l'autre à gauche, sur des sièges bas, à ses pieds. Autour d'elles c'était un cercle vacillant de flammes jaunes, les cierges déballés de leur paquet, plantés en terre et allumés ; et à la lueur des cires, les deux servantes, les livres d'heures ouverts sur leurs genoux, entamaient à voix haute les litanies des morts.

Madame Lafont, elle, impassible et raide, les écoutait chanter : veillée funèbre, idée macabre et bien digne d'une dévote d'Espagne, l'Espagne, ce somptueux cadavre gainé d'or et de soie, dont le fanatisme est le vautour. Elle était bien de la race et du pays des Isabelle d'Aragon et des Jeanne la Folle, cette veuve d'officier, cette fille de marchand devenue à peine de petite noblesse et qui, dans un champ perdu de Picardie, ressuscitait pour elle les cérémonieuses folies de Charles-Quint à Saint-Just et de Philippe II à l'Escurial.

Elles passèrent là toute la nuit. Au petit jour les gars de la ferme les trouvèrent toutes les trois endormies, madame Lafont demeurée raide, adossée contre la meule, les deux femmes à terre, glissées de leurs pliants. Autour d'elles c'était la fumée et

les dernières lueurs des cierges mourants, et les
gars, qui avaient d'abord eu peur de ces trois dames
noires, immobiles, eurent une grande colère à cause
des mèches encore grésillantes dans les chaumes.
Encore un peu la meule prenait feu : ces gueuses
auraient pu incendier toute la récolte, une satanée
invention que la leur! Une église est une église
et un champ est un champ, que diable! Maître Ri-
boudet, le fermier de madame Lafont, arriva à
temps pour reconnaître les trois femmes, leur éviter
un mauvais parti. On les ramena à la ferme toutes
trempées de rosée et grelottant de peur ; on les
réchauffa devant une flambée d'épines et le fermier,
ayant attelé sa carriole, les reconduisit à Montfort.
Mais l'aventure fit du bruit. Les deux Espagnoles
de madame Lafont furent appelées chez le maire,
M. d'Anglemar de Morfray ; là, des instructions leur
furent données que les pauvres femmes eurent bien
de la peine à comprendre. Ces deux dévouements
ne pouvaient se faire à l'idée de ne pas suivre à
la lettre les ordres de leur maîtresse ; elles la
vénéraient à l'égal d'une sainte et l'aimaient fa-
natiquement. De son côté, le doyen de Saint-Fursy
tentait une démarche auprès de la recluse de la
rue Noir-Lion. Grâce à son caractère sacré, il
forçait la porte de l'hôtel et pénétrait jusqu'à celle
qui fut Dolorès Meyrena. Que vit-il? qu'entendit-
il dans ce logis de mystère? L'abbé de Méricourt
en garda toujours le secret, mais la porte qui se
referma sur lui ne se rouvrit plus désormais pour

personne, et madame Lafont de Marvieille ne franchit
plus jamais la grille de son hôtel.

Ce fut la maison du silence, la vieille demeure
aux persiennes toujours closes, à la façade lépreuse
et verdie qui nous faisait baisser la voix et hâter
le pas quand, par hasard, nous prenions la rue Mollerue pour aller aux remparts, et encore l'évitions-
nous le plus souvent ; et, sans la petite d'Hameroy,
enfant nerveuse et déjà femme que toute cette
histoire impressionnait et attirait, j'aurais plutôt
fait, moi, un grand tour pour ne pas passer par là.

Malaise indéfinissable partagé par toute une ville,
atmosphère d'effroi établie à la longue, comme une
barrière, autour de cette demeure hallucinante ; il y
a plus de trente ans déjà que celle qui s'y cloîtrait,
n'est plus, trente ans que madame Lafont de Marvieille en est sortie, les pieds en avant, pour n'y
jamais plus rentrer, et le vieil hôtel d'Ymicourt est
encore inhabité. La petite ville de mon enfance, elle,
dolente et stationnaire au milieu de ses marais, a
malgré tout subi l'altération du siècle : le Progrès et
les Idées modernes ont, en le touchant, transformé peu
à peu le Montfort-les-Fossés cher à mes souvenirs ; les
bombes allemandes de 1870 ont anéanti les vieux logis
à pignons et à charpentes sculptées de la grande
place, des maisons neuves les ont remplacés ; il en a
été de même de la vieille société de la ville, toute
de séculaire bourgeoisie et de petite noblesse ; des
familles entières ont disparu : il en est d'elles comme
des petites rues, dont les maisons ornées de bas en

haut de pieuses statuettes, hantent encore mon imagination, leurs noms seuls subsistent : rues des Naviages, du Vert - Muguet, des Blancs - Moutons, de
l'Homme-sans-Tête, rues maintenant bordées de bâ-
tisses neuves, mais évoquant encore une cité de moyen-
âge dans cette petite ville autrefois seigneuriale,
aujourd'hui commerçante, où les plus beaux hôtels
des familles éteintes sont tombés et se perdent aux
mains des parvenus.

Pis encore, on a parlé de raser les fortifications de
Montfort ; les faubourgs demandent à rompre enfin
leur double et triple enceinte de bastions et de demi-
lunes, et les municipalités de nos jours ne savent
guère résister aux réclamations des faubourgs ! Que
deviendront alors les fossés de ma petite ville et leur
vaste étendue d'eau huileuse écaillée de lentilles avec
leur longue bordure de roseaux immobiles ou fris-
sonnants à l'horizon ? Tout change et tout va changer :
mystérieuse énigme, l'hôtel d'Ymicourt seul n'a pas
bougé au milieu de ces lentes et banales transfor-
mations, il est toujours là, désert et morne, au coin des
rues du Noir-Lion et Mollerue, avec ses volets clos
et son perron moussu... et l'ancienne demeure de
madame Lafont est toujours inhabitée ; aucun acquéreur ne s'est présenté et sur la grille on voit toujours, fendillé par la chaleur et moisi par les pluies,
l'immuable écriteau :

A VENDRE,

Ancien logis de spectre gardé par le souvenir.

CE VOLUME
A ÉTÉ ACHEVÉ D'IMPRIMER

SUR LES PRESSES TYPOGRAPHIQUES DE
ÉDOUARD CRÉTÉ
Imprimeur à Corbeil

Le 20 Octobre 1897

LES GRAVURES EN TAILLE DOUCE
ont été tirées par
M. TANEUR
sur coloris exécuté à la main par
M. SAUDÉ

www.ingramcontent.com/pod-product-compliance
Lightning Source LLC
LaVergne TN
LVHW022131080426
835511LV00007B/1105